# Study No.10

## By: Dubiell, De Zarraga Lago

### Study No.10

# Estudio No.10

**Allegro**

De Zarraga Lago, Dubiell, A.

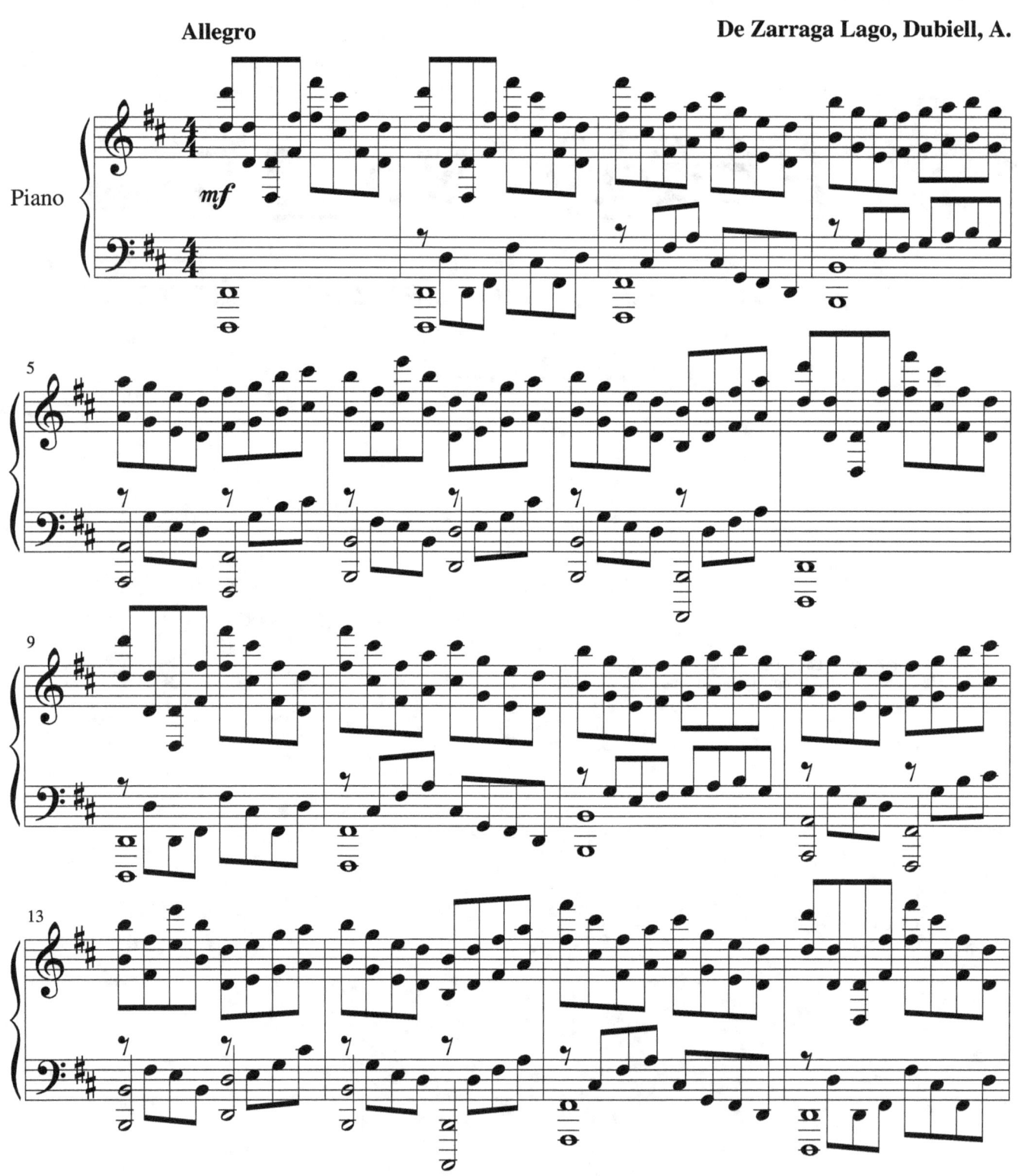

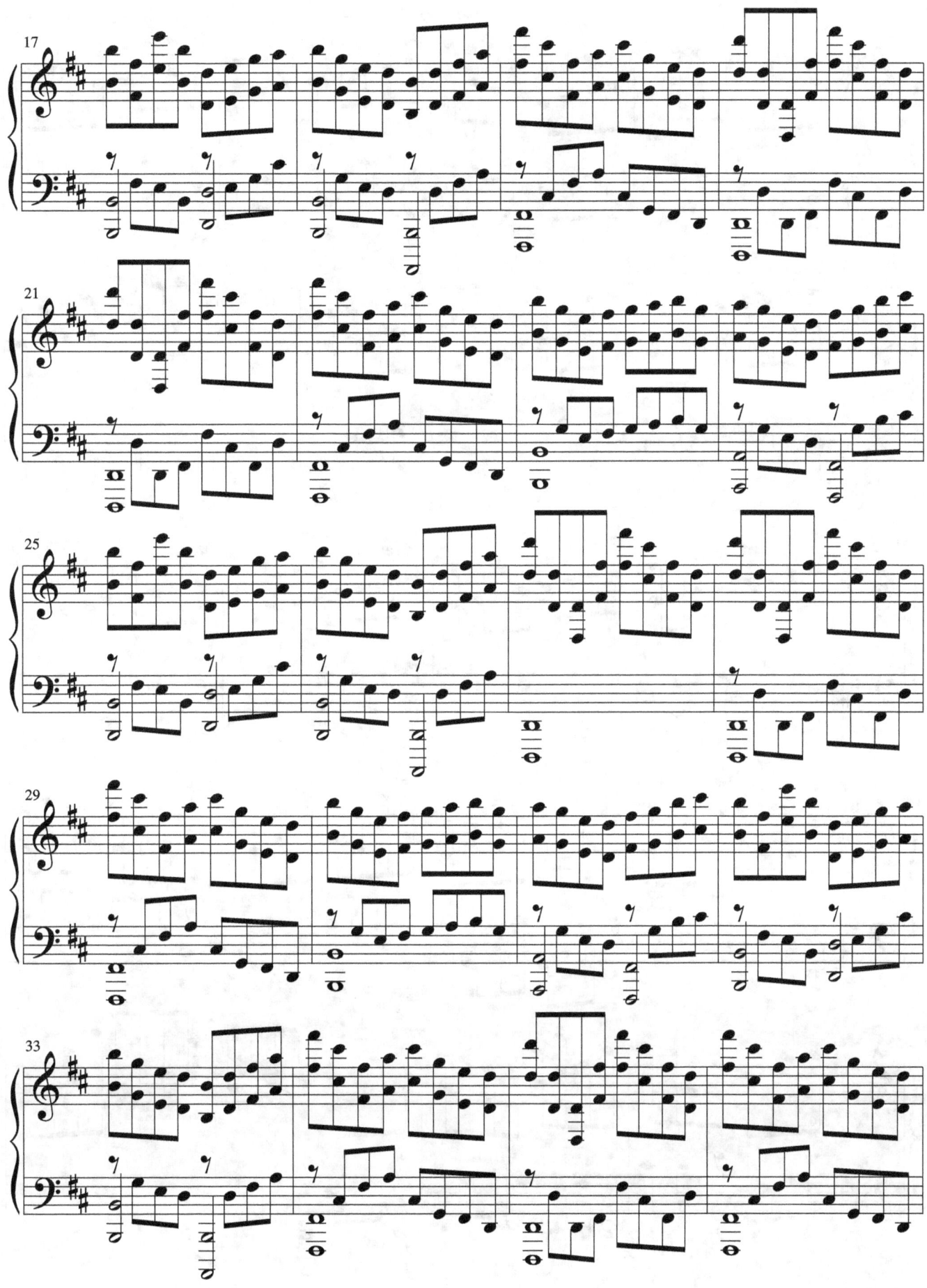

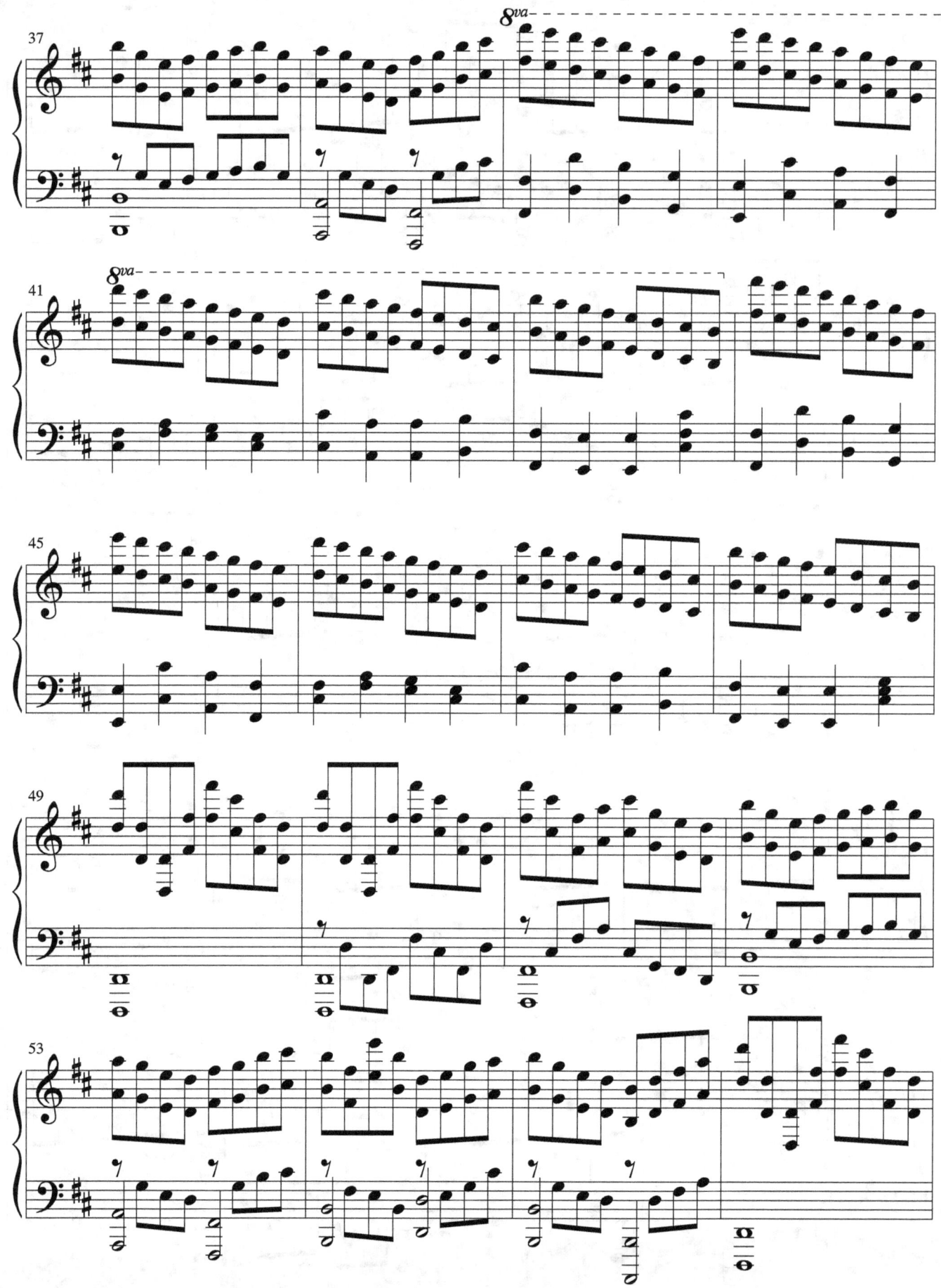

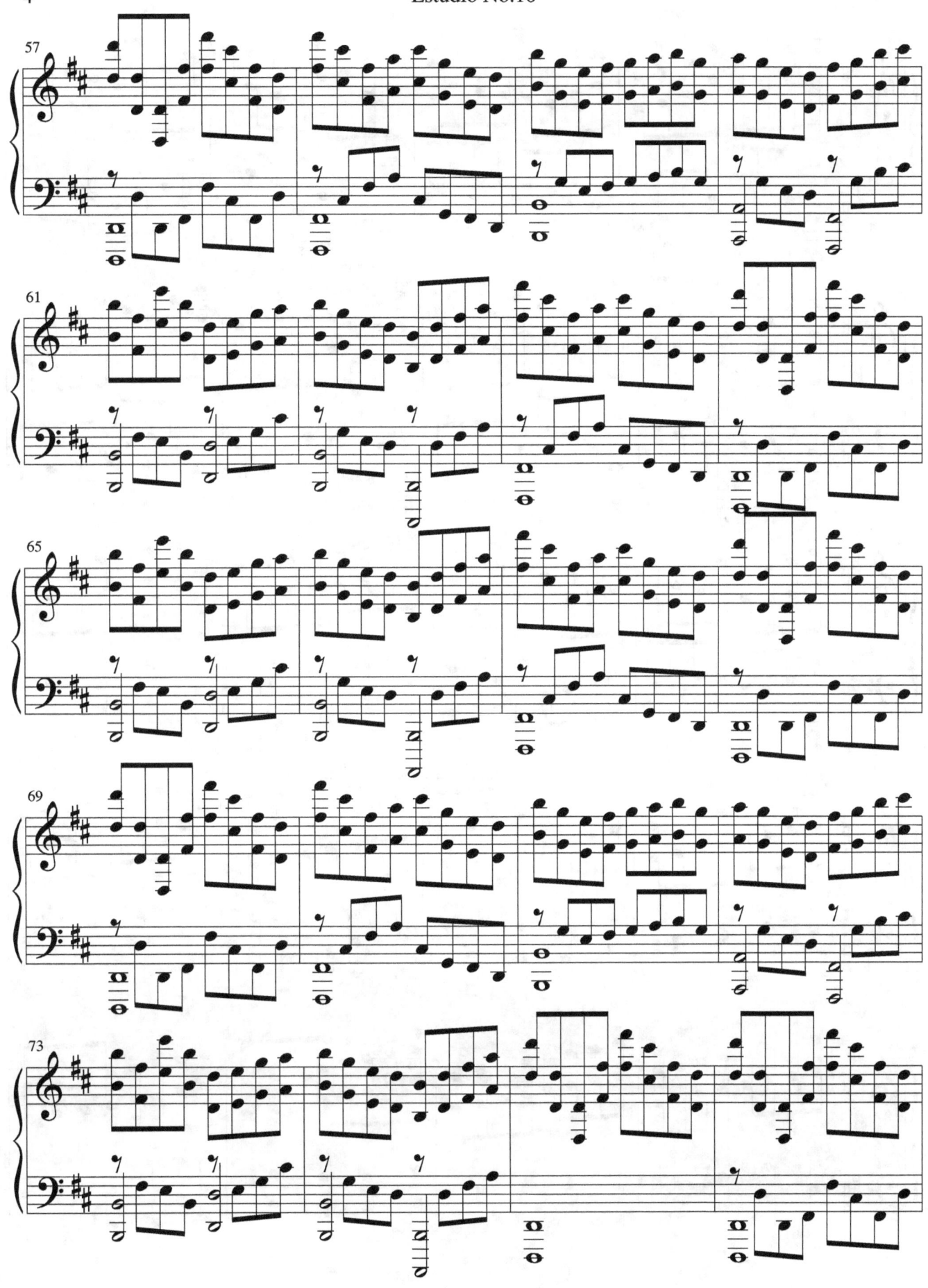

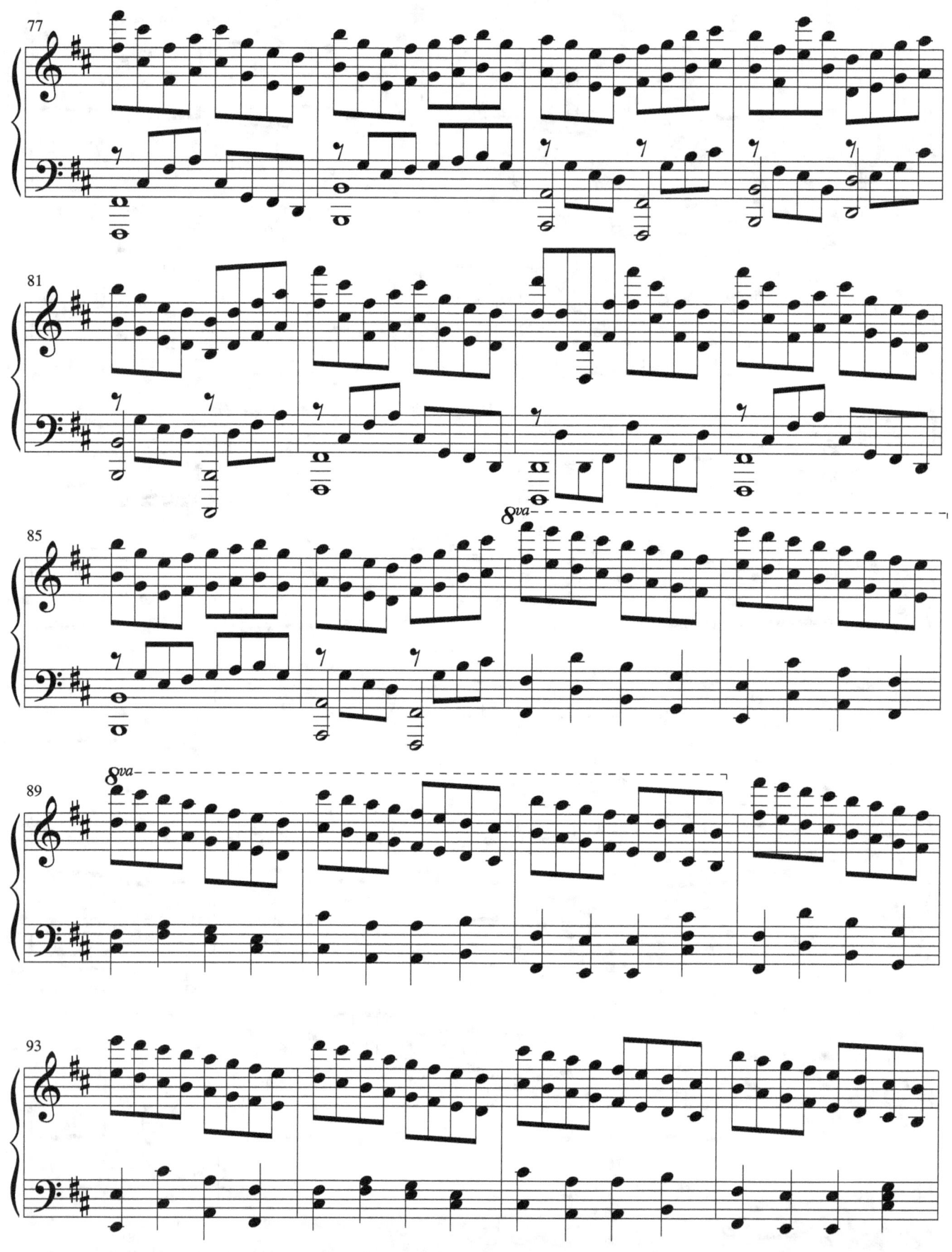

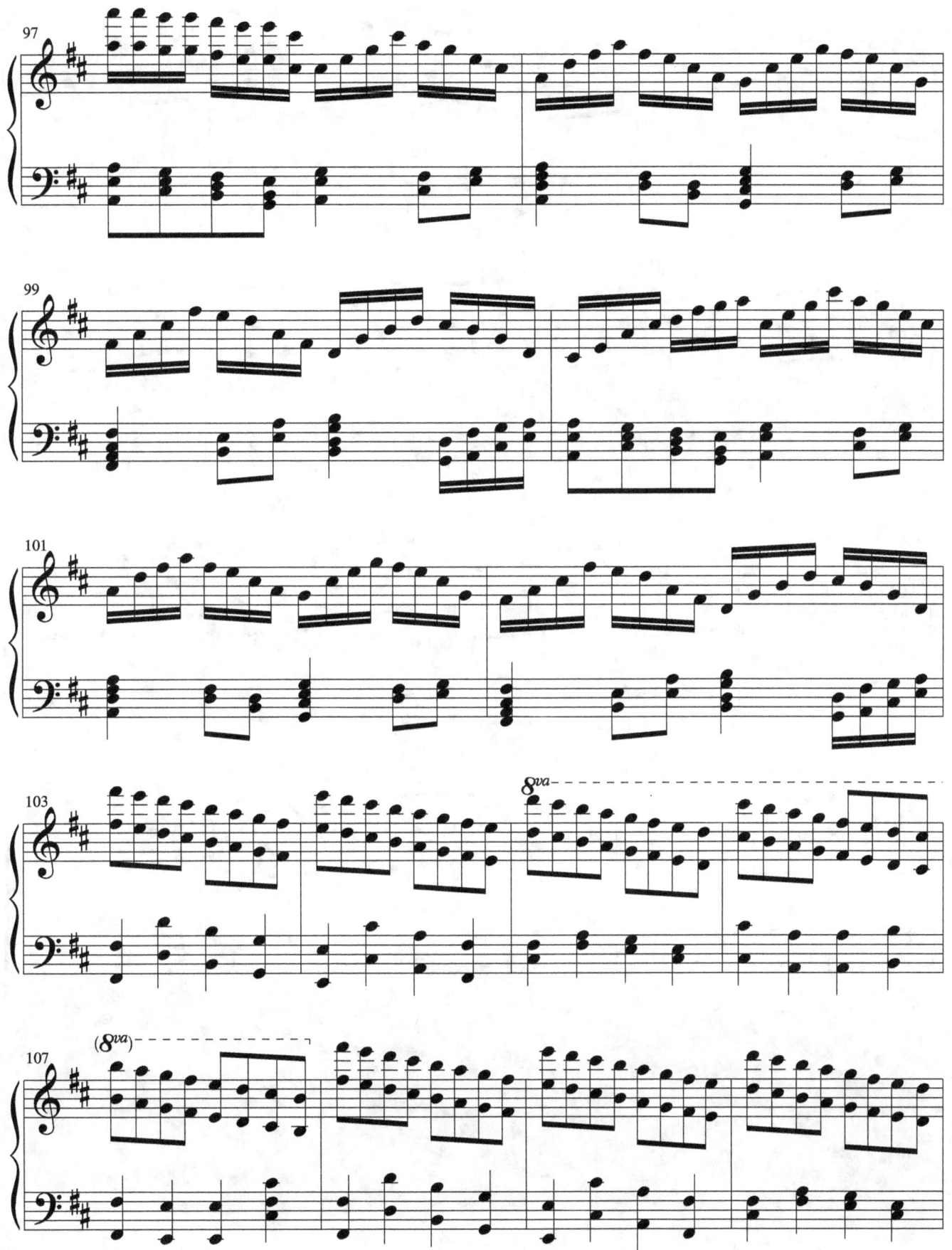

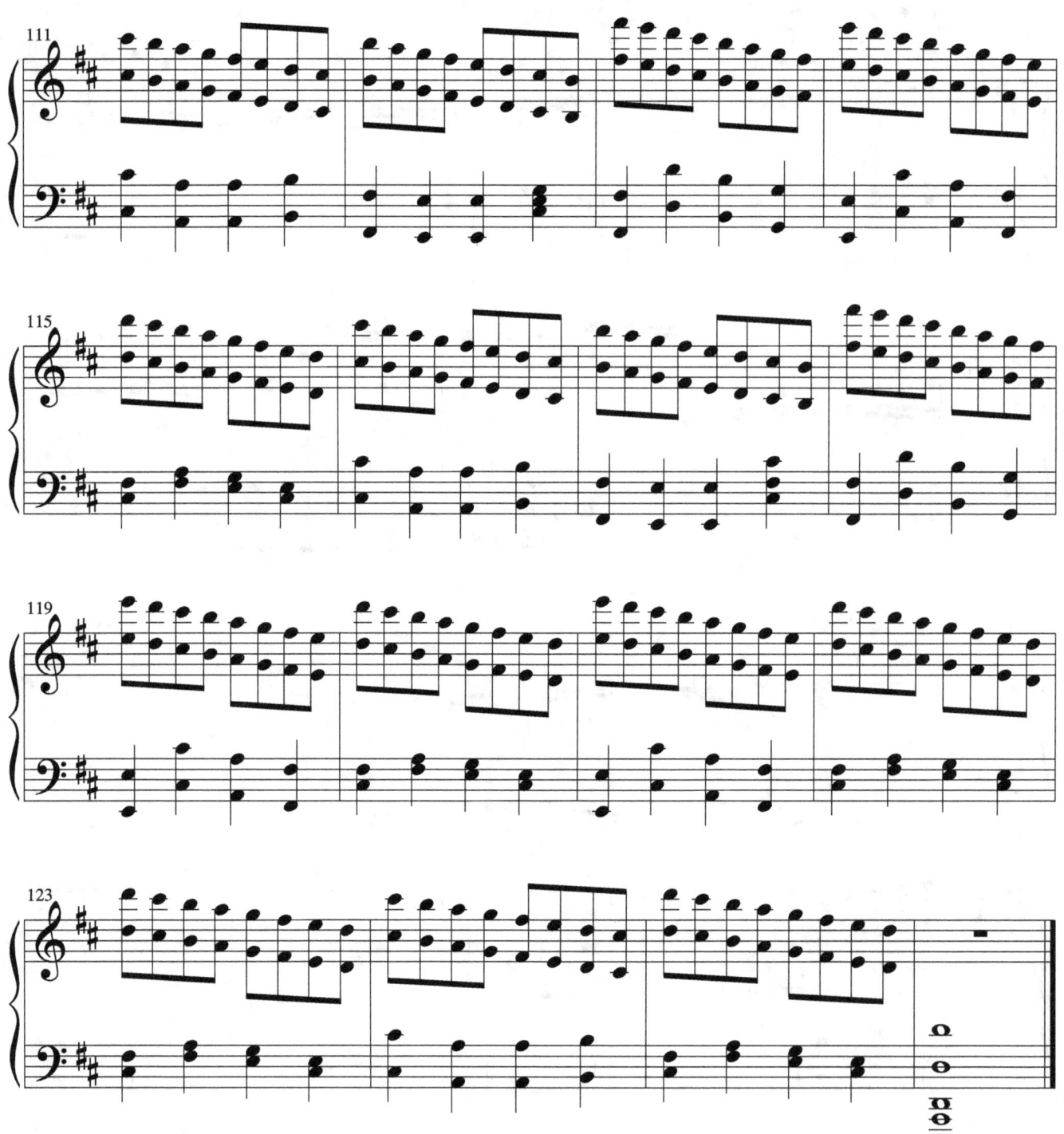

# Other Works

## Etudes

Etude  No. 1
Etude  No. 2
Etude  No. 3
Etude  No. 4
Etude  No. 5
Etude  No. 6
Etude  No. 7
Etude  No. 8
Etude  No. 9
Etude No.10

# Consolations

Consolation No.1
Consolation No.2
Consolation No.3
Consolation No.4
Consolation No.5
Consolation No.6
Consolation No.7
Consolation No.8
Consolation No.9
Consolation No.10
Consolation No.11
Consolation No.12
Consolation No.13

# Rhapsodies

Rhapsody to the Moon
Rhapsody Alabaresque
Rhapsody in C Major

# Concertos

Flute Concerto No.1
String Concerto No.1
String Concerto No.2
String Concerto No.3
Piano Concerto No.1

# Preludes

www.lulu.com/dubiell

www.dezarragadubiell@yahoo.com

# Notes

/

/

/

/

/